LOIS

ET RÉGLEMENS

POUR

LES LYCEES.

A PARIS,

DE L'IMPRIMERIE DE LA RÉPUBLIQUE.

An XII. = 1803.

(6.)

LOIS
ET RÉGLEMENS
POUR
LES LYCÉES.

LOI
SUR L'INSTRUCTION PUBLIQUE.

Du 11 Floréal an X.

AU NOM DU PEUPLE FRANÇAIS, BONAPARTE, premier Consul, PROCLAME loi de la République le décret suivant, rendu par le Corps législatif le 11 floréal an X, conformément à la proposition faite par le Gouvernement le 30 germinal, communiquée au Tribunat le même jour.

DÉCRET.

TITRE PREMIER.

Division de l'Instruction.

Art. I.er L'instruction sera donnée,

1.° Dans des écoles primaires établies par les communes;

2.° Dans des écoles secondaires établies par des communes ou tenues par des maîtres particuliers;

3.° Dans des lycées et des écoles spéciales entretenus aux frais du trésor public.

TITRE II.

Des Écoles primaires.

II. Une école primaire pourra appartenir à plusieurs communes à-la-fois, suivant la population et les localités de ces communes.

III. Les instituteurs seront choisis par les maires et les conseils municipaux : leur traitement se composera, 1.° du logement fourni par les communes; 2.° d'une rétribution fournie par les parens, et déterminée par les conseils municipaux.

IV. Les conseils municipaux exempteront de la rétribution ceux des parens qui seraient hors d'état de la payer : cette exemption ne pourra néanmoins excéder le cinquième des enfans reçus dans les écoles primaires.

V. Les sous-préfets seront spécialement chargés de l'organisation des écoles primaires ; ils rendront compte de leur état, une fois par mois, aux préfets.

TITRE III.

Des Écoles secondaires.

VI. Toute école établie par les communes ou tenue par les particuliers, dans laquelle on enseignera les langues latine et française, les premiers principes de la géographie, de l'histoire et des mathématiques, sera considérée comme école secondaire.

VII. Le Gouvernement encouragera l'établissement des écoles secondaires, et récompensera la bonne instruction qui y sera donnée, soit par la concession d'un local, soit par la distribution de places gratuites dans les lycées à ceux des élèves de chaque département qui se seront le plus distingués, et par des gratifications accordées aux cinquante maîtres de ces écoles qui auront eu le plus d'élèves admis aux lycées.

VIII. Il ne pourra être établi d'écoles secondaires sans l'autorisation du Gouvernement. Les écoles secondaires, ainsi que toutes les écoles particulières dont l'enseignement sera supérieur à celui des écoles primaires, seront placées sous la surveillance et l'inspection particulière des préfets.

TITRE IV.

Des Lycées.

IX. Il sera établi des lycées pour l'enseignement des lettres et des sciences. Il y aura un lycée au moins par arrondissement de chaque tribunal d'appel.

X. On enseignera dans les lycées les langues anciennes, la rhétorique, la logique, la morale, et les élémens des sciences mathématiques et physiques.

Le nombre des professeurs de lycée ne sera jamais au-dessous de huit; mais il pourra être augmenté par le Gouvernement, ainsi que celui des objets d'enseignement, d'après le nombre des élèves qui suivront les lycées.

XI. Il y aura, dans les lycées, des maîtres d'études, des maîtres de dessin, d'exercices militaires et d'arts d'agrément.

XII. L'instruction y sera donnée,

A des élèves que le Gouvernement y placera ;

Aux élèves des écoles secondaires qui y seront admis par un concours ;

A des élèves que les parens pourront y mettre en pension ;

A des élèves externes.

XIII. L'administration de chaque lycée sera confiée à un proviseur : il aura immédiatement sous lui un censeur des études, et un procureur gérant les affaires de l'école.

XIV. Le proviseur, le censeur et le procureur de chaque lycée, seront nommés par le premier Consul : ils formeront le conseil d'administration de l'école.

XV. Il y aura dans chacune des villes où sera établi un lycée, un bureau d'administration de cette école. Ce bureau sera composé du préfet du département, du président du tribunal d'appel, du commissaire du Gouvernement près ce tribunal, du commissaire du Gouvernement près le tribunal criminel, du maire et du proviseur.

Dans les villes où il n'y aurait point de tribunal d'appel, le président du tribunal criminel fera partie du bureau d'administration du lycée. Dans celles où il n'y aurait ni tribunal d'appel, ni tribunal criminel, les membres du bureau seront nommés par le premier Consul.

XVI. Les fonctions de ce bureau seront gratuites. Il s'assemblera quatre fois par an, et plus souvent s'il le trouve convenable, ou si le proviseur du lycée l'y invite. Il sera chargé de la vérification des comptes, et de la surveillance générale du lycée.

Le proviseur rendra compte au bureau d'administration, de l'état du lycée. Il y portera les plaintes relatives aux fautes graves qui pourraient être commises par les professeurs dans l'exercice de leurs fonctions, et par les élèves dans leur conduite. Dans le premier cas, la plainte sera communiquée au professeur contre lequel elle sera dirigée ; elle sera ensuite adressée, ainsi que la réponse, au Gouvernement. Dans le cas d'inconduite et d'indiscipline, l'élève pourra être exclu du lycée par le bureau, à la charge par celui-ci d'en rendre compte au Gouvernement.

XVII. Il sera nommé par le premier Consul trois inspecteurs généraux des études, qui visiteront une fois au moins l'année les lycées, en arrêteront définitivement la comptabilité, examineront toutes les parties de l'enseignement et de l'administration, et en rendront compte au Gouvernement.

XVIII. Après la première formation des lycées, les proviseurs, censeurs et procureurs des lycées, devront être mariés ou l'avoir été. Aucune femme ne pourra néanmoins demeurer dans l'enceinte des bâtimens occupés par les pensionnaires.

XIX. La première nomination des professeurs des lycées sera faite de la manière suivante : les trois inspecteurs généraux des études, réunis à trois membres de l'Institut national désignés par le premier Consul, parcourront les départemens, et y examineront les citoyens qui se présenteront pour occuper les différentes places de professeurs. Ils indiqueront au Gouvernement, et pour chaque place, deux sujets, dont l'un sera nommé par le premier Consul.

XX. Lorsqu'il vaquera une chaîre dans les lycées une fois organisés, les trois inspecteurs généraux des études présenteront un sujet au Gouvernement; le bureau, réuni au conseil d'administration et aux professeurs des lycées, en présentera un autre : le premier Consul nommera l'un des deux candidats.

XXI. Les trois fonctionnaires chargés de l'administration et les professeurs des lycées pourront être appelés, d'après le zèle et le talent qu'ils apporteront dans leurs fonctions, des lycées les plus faibles dans les plus forts, des places inférieures aux supérieures : cette promotion sera proposée au premier Consul, sur le rapport des trois inspecteurs généraux des études.

XXII. Les lycées correspondans aux arrondissemens des tribunaux d'appel, devront être entièrement organisés dans le cours de l'an XIII de la République.

A mesure que les lycées seront organisés, le Gouvernement déterminera celles des écoles centrales qui devront cesser leurs fonctions.

TITRE V.

Des Écoles spéciales.

XXIII. Le dernier degré d'instruction comprendra, dans des écoles spéciales, l'étude complète et approfondie, ainsi que le perfectionnement des sciences et des arts utiles.

XXIV. Les écoles spéciales qui existent, seront maintenues, sans préjudice des modifications que le Gouvernement croira devoir déterminer pour l'économie et le bien du service. Quand il y vaquera une place de professeur, ainsi que dans l'école de droit qui sera établie à Paris, il y sera nommé par le premier Consul, entre trois candidats qui seront présentés, le premier par une des classes de l'Institut national, le second par les inspecteurs généraux des études, et le troisième par les professeurs de l'école où la place sera vacante.

XXV. De nouvelles écoles spéciales seront instituées comme il suit :

1.° Il pourra être établi dix écoles de droit: chacune d'elles aura quatre professeurs au plus.

2.° Il pourra être créé trois nouvelles écoles de médecine, qui auront au plus chacune huit professeurs, et dont une sera spécialement consacrée à l'étude et au traitement des maladies des troupes de terre et de mer.

3.° Il y aura quatre écoles d'histoire naturelle, de physique et de chimie, avec quatre professeurs dans chacune.

4.° Les arts mécaniques et chimiques seront enseignés dans deux écoles spéciales : il y aura trois professeurs dans chacune de ces écoles.

5.° Une école de mathématiques transcendantes aura trois professeurs.

6.° Une école spéciale de géographie, d'histoire et d'économie publique, sera composée de quatre professeurs.

7.° Outre les écoles des arts du dessin, existantes à Paris, Dijon et Toulouse, il en sera formé une quatrième avec quatre professeurs.

8.° Les observatoires actuellement en activité auront chacun un professeur d'astronomie.

9.° Il y aura, près de plusieurs lycées, des professeurs de langues vivantes.

10.° Il sera nommé huit professeurs de musique et de composition.

XXVI. La première nomination des professeurs de ces nouvelles écoles spéciales sera faite de la manière suivante : les classes de l'Institut correspondantes aux places qu'il s'agira de remplir, présenteront un sujet au Gouvernement ; les trois inspecteurs généraux des études en présenteront un second : le premier Consul choisira l'un des deux.

Après l'organisation des nouvelles écoles spéciales, le premier Consul nommera aux places vacantes, entre trois sujets qui lui seront présentés comme il est dit à l'article XXIV.

XXVII. Chacune ou plusieurs des nouvelles écoles spéciales seront placées près d'un lycée, et régies par le conseil administratif de cet établissement.

TITRE VI.

De l'École spéciale militaire.

XXVIII. Il sera établi dans une des places fortes de la République, une école spéciale militaire, destinée à enseigner à une portion des élèves sortis des lycées les élémens de l'art de la guerre.

XXIX. Elle sera composée de cinq cents élèves formant un bataillon, et qui seront accoutumés au service et à la discipline militaire; elle aura au moins dix professeurs, chargés d'enseigner toutes les parties théoriques, pratiques et administratives de l'art militaire, ainsi que l'histoire des guerres et des grands capitaines.

XXX. Sur les cinq cents élèves de l'école spéciale militaire, deux cents seront pris parmi les élèves nationaux des lycées, en proportion de leur nombre dans chacune de ces écoles, et trois cents parmi les pensionnaires et les externes, d'après l'examen qu'ils subiront à la fin de leurs études. Chaque année il y sera admis cent des premiers, et cent cinquante des seconds : ils seront entretenus pendant deux ans aux frais de la République dans l'école spéciale militaire ; ces deux années leur seront comptées pour temps de service.

Le Gouvernement, sur le compte qui lui sera rendu de la conduite et des talens des élèves de l'école spéciale militaire, pourra en placer un certain nombre dans les emplois de l'armée qui sont à sa nomination.

XXXI. L'école spéciale militaire aura un régime différent de celui des lycées et des autres écoles spéciales, et une administration particulière ; elle sera comprise dans les attributions du ministre de la guerre. Les professeurs en seront immédiatement nommés par le premier Consul.

TITRE VII.

Des Élèves nationaux.

XXXII. Il sera entretenu aux frais de la République, six mille quatre cents pensionnaires dans les lycées et dans les écoles spéciales.

XXXIII. Sur ces six mille quatre cents

pensionnaires, deux mille quatre cents seront choisis par le Gouvernement parmi les fils des militaires ou de fonctionnaires civils, judiciaires, administratifs ou municipaux, qui auront bien servi la République; et pendant dix ans seulement, parmi les enfans des citoyens des départemens réunis à la France, quoiqu'ils n'aient été ni militaires ni fonctionnaires publics.

Ces deux mille quatre cents élèves devront avoir au moins neuf ans, et savoir lire et écrire.

XXXIV. Les quatre mille autres seront pris dans un nombre double d'élèves des écoles secondaires, qui seront présentés au Gouvernement, d'après un examen et un concours.

Chaque département fournira un nombre de ces derniers élèves proportionné à sa population.

XXXV. Les élèves entretenus dans les lycées ne pourront y rester plus de six ans aux frais de la nation. A la fin de leurs études, ils subiront un examen d'après lequel un cinquième d'entre eux sera placé dans les diverses écoles spéciales, suivant les dispositions de ces élèves, pour y être entretenus, de deux à quatre années, aux frais de la République.

XXXVI. Le nombre des élèves nationaux placés près des lycées pourra être distribué inégalement par le Gouvernement, dans chacune de ces écoles, suivant les convenances de calité.

TITRE VIII.

Des Pensions nationales, et de leur emploi.

XXXVII. Le terme moyen des pensions sera de sept cents francs. Elles seront fixées pour chaque lycée par le Gouvernement, et serviront tant aux dépenses de nourriture et d'entretien des élèves nationaux, qu'aux traitemens des fonctionnaires et professeurs et autres dépenses des lycées.

XXXVIII. Le prix des pensions payées par les parens qui placeront leurs enfans dans les lycées, ne pourra excéder celui qui aura été arrêté par le Gouvernement pour chacune de ces écoles.

Les élèves externes des lycées et des écoles

spéciales paieront une rétribution, qui sera proposée pour chaque lycée par son bureau d'administration, et confirmée par le Gouvernement.

XXXIX. Le Gouvernement arrêtera d'après le nombre des élèves nationaux qu'il placera dans chaque lycée, et d'après le taux de leurs pensions, la portion fixe du traitement des fonctionnaires et professeurs, laquelle portion sera prélevée sur le produit de ces pensions. Il en sera de même de la portion supplétive de traitement, qui devra être fixée par le Gouvernement, d'après le nombre des pensionnaires et des élèves externes de chaque lycée.

Les proviseurs des lycées sont exceptés de la dernière disposition ; ils recevront du Gouvernement un supplément annuel et proportionné à leur traitement et aux services qu'ils auront rendus à l'instruction.

TITRE IX.

Dispositions générales.

XL. Les bâtimens des lycées seront entretenus aux frais des villes où ils seront établis.

XLI. Aucun établissement ne pourra prendre désormais les noms de *lycée* et d'*institut*. L'Institut national des sciences et des arts sera le seul établissement public qui portera ce dernier nom.

XLII. Il sera formé sur les traitemens des fonctionnaires et professeurs des lycées et des écoles spéciales, un fonds de retenue qui n'excédera pas le vingtième de ces traitemens. Ce fonds sera affecté à des retraites, qui seront accordées après vingt ans de service, et réglées en raison de l'ancienneté. Ces retraites pourront aussi être accordées pour cause d'infirmités, sans que dans ce cas les vingt années d'exercice soient exigées.

XLIII. Le Gouvernement autorisera l'acceptation des dons et fondations des particuliers en faveur des écoles, ou de tout autre établissement d'instruction publique. Le nom des donateurs sera inscrit à perpétuité dans les lieux auxquels leurs donations seront appliquées.

XLIV. Toutes les dispositions de la loi

du 3 brumaire an IV qui sont contraires à celles de la présente loi, sont abrogées.

Collationné à l'original, par nous président et secrétaires du Corps législatif. A Paris, le 11 Floréal, an X de la République française. *Signé* LOBJOY, *président;* THEVENIN, BOËRY, DELPIERRE, SAURET, *secrétaires.*

SOIT la présente loi revêtue du sceau de l'État, insérée au Bulletin des lois, inscrite dans les registres des autorités judiciaires et administratives, et le ministre de la justice chargé d'en surveiller la publication. A Paris, le 21 Floréal, an X de la République.

Signé BONAPARTE, *premier Consul.* Contresigné, *le secrétaire d'état,* HUGUES B. MARET. Et scellé du sceau de l'État.

Vu, *le ministre de la justice,* signé ABRIAL.

ARRÊTÉ

Qui fixe le Costume des Administrateurs, Professeurs, Maîtres d'études et Élèves des Lycées.

Du 5 Brumaire an XI.

LES CONSULS DE LA RÉPUBLIQUE, sur le rapport du ministre de l'intérieur, le conseil d'état entendu,

ARRÊTENT :

ART. I.er Les trois membres du conseil d'administration des lycées porteront habit français complet noir, manteau noir jeté en arrière, avec collet et bordure de soie verte, cravate pendante en batiste blanche, chapeau français.

Le proviseur aura de plus une broderie noire au collet et à la bordure de son manteau.

II. Les professeurs porteront le même habit, manteau noir, avec un collet vert sans broderie; cravate et chapeau pareils à ceux des membres du conseil d'administration.

III. Les maîtres d'études seront vêtus en noir.

IV. L'uniforme des élèves des lycées sera, ainsi que celui des élèves du prytanée, composé d'un habit, veste et culotte bleus, collet et parement bleu céleste; chapeau rond jusqu'à quatorze ans, chapeau français après cet âge; boutons jaunes, en entier de métal, portant le mot *Prytanée* ou *Lycée* au milieu, et autour, en légende, le nom du lieu où sera le prytanée ou le lycée.

A Paris, le bouton portera en outre le n.° du lycée.

V. Le ministre de l'intérieur est chargé de l'exécution du présent arrêté, qui sera inséré au Bulletin des lois.

Le premier Consul, signé BONAPARTE. Par le premier Consul: *le secrétaire d'état*, signé HUGUES B. MARET. Contre-signé, *le ministre de l'intérieur*, CHAPTAL.

Pour ampliation conforme:

Le conseiller d'état chargé de la direction et de la surveillance de l'instruction publique,

signé FOURCROY.

ARRÊTÉ

Qui fixe le Traitement des différens Fonctionnaires des Lycées.

Saint-Cloud, le 5 Brumaire an XI.

LES CONSULS DE LA RÉPUBLIQUE, sur le rapport du ministre de l'intérieur,

ARRÊTENT :

ART. I.er Le traitement fixe des différens fonctionnaires des lycées, sera déterminé d'après le tableau suivant :

FONCTIONNAIRES.	LYCÉES du 1.er ordre, où la pension est de 800 f.	LYCÉES du 2.e ordre, où la pension est de 700 f.	LYCÉES du 3.e ordre, où la pension est de 600 f.
Proviseur	4,000 f.	3,500 f.	3,000 f.
Censeur.	2,500.	2,000.	1,500.
Procureur	2,000.	1,600.	1,400.
Professeur de 1.re classe.	2,000.	1,800.	1,500.
Professeur de 2.e classe.	1,800.	1,500.	1,200.
Professeur de 3.e classe.	1,500.	1,200.	1,000.
Maîtres d'études.....	1,000.	800.	700.
Maîtres d'exercice. ...	800.	600.	500.

II. On retiendra le dixième de la pension des élèves payans, pour former un fonds commun, qui sera réparti entre les professeurs, censeur et procureur, à raison de la portion fixe du traitement.

III. On prélèvera les deux tiers de la rétribution fournie par les élèves externes ; la somme qui en proviendra sera distribuée aux professeurs qui auront ces élèves dans leur classe.

IV. Les pensions, tant nationales que particulières, seront payées par quartier, et trois mois d'avance, entre les mains et sur les quittances du procureur gérent du lycée.

V. Le ministre de l'intérieur est chargé de l'exécution du présent arrêté.

Le premier Consul, signé BONAPARTE. Par le premier Consul : *le secrétaire d'état,* signé HUGUES B. MARET. Contre-signé, *le ministre de l'intérieur,* CHAPTAL.

Pour ampliation conforme :

Le conseiller d'état chargé de la direction et de la surveillance de l'instruction publique,

signé FOURCROY.

ARRÊTÉ

ARRÊTÉ

Qui détermine le Mode d'enseignement dans les Lycées.

Du 19 Frimaire an XI.

LES CONSULS DE LA RÉPUBLIQUE, sur le rapport du ministre de l'intérieur,

ARRÊTENT ce qui suit :

ART. Ier On enseignera essentiellement dans les lycées le latin et les mathématiques.

II. Il y aura six classes pour l'étude de la langue latine; elles seront distribuées et dénommées ainsi qu'il suit, *sixième*, *cinquième*, *quatrième*, *troisième*, *deuxième*, *première.*

III. Les élèves d'un talent et d'une application ordinaires feront deux classes par an, de manière qu'à la fin de la troisième année ils aient terminé leurs cours de latinité.

A cet effet, il y aura chaque année deux examens, savoir, l'un au 1.er vendémiaire, et l'autre au 1.er germinal. Ceux des élèves qui ne seront pas reconnus assez forts, ne monteront pas à la classe suivante.

L'élève, en arrivant au lycée, sera interrogé, pour connaître dans quelle classe il doit être placé : s'il est reconnu plus fort que les élèves de la sixième classe, il fera son cours en d'autant moins d'années.

En l'absence des inspecteurs, ces examens seront faits par le censeur des études et le professeur de la classe pour laquelle l'élève se présente.

IV. Un même professeur fera deux classes par jour, une le matin et une le soir.

V. Dans la sixième classe de latin, le même professeur enseignera aux élèves à chiffrer, en outre du latin.

Dans la cinquième classe, le professeur de latin montrera les quatre règles de l'arithmétique.

Dans la quatrième classe, on donnera des leçons de géographie, indépendamment de la leçon du latin.

Dans la troisième classe, le même professeur de latin fera continuer l'étude de la géographie, et enseignera les élémens de la chronologie et de l'histoire ancienne.

Dans la deuxième, on continuera l'étude de la géographie et de l'histoire jusqu'à la fondation de l'empire français; on apprendra la mythologie et la croyance des différens peuples dans les divers âges du monde.

Dans la première classe, on complétera l'étude de l'histoire et de la géographie par celle de l'histoire et de la géographie de la France.

VI. Dans les quatre dernières classes de latin, on exercera la mémoire des élèves en leur faisant apprendre par cœur et réciter avec soin les plus beaux endroits des auteurs qu'ils auront expliqués, ainsi que les passages des bons auteurs français qui auront traduit ou imité ces mêmes morceaux.

Dans toutes ces classes, les professeurs formeront leurs élèves à l'art d'écrire, en leur dictant des morceaux à traduire par écrit, de français en latin, et de latin en français.

VII. Il y aura un professeur de belles-lettres latines et françaises, qui fera deux classes par jour. Chaque classe durera un an, de manière qu'en deux ans le cours de belles-lettres latines et françaises soit terminé.

VIII. Il y aura, comme pour le latin, six classes pour les mathématiques, faites par trois professeurs, chargés chacun de deux classes par jour; de sorte que le cours complet de mathématiques ne durera que trois ans.

Nul élève ne pourra entrer dans la classe de mathématiques, s'il n'a fait la cinquième de latin.

IX. Dans la même classe de mathématiques, le même professeur, outre la leçon de mathématiques, donnera les premières notions d'histoire naturelle.

Dans la cinquième, il enseignera les élémens de la sphère.

Dans la quatrième, le même professeur expliquera les principaux phénomènes de la physique.

Dans la troisième, le professeur fera connaître les élémens de l'astronomie.

Dans la seconde, il enseignera les principes de la chimie.

Dans la première, le même professeur donnera les notions de minéralogie nécessaires pour connaître les minéraux sous le rapport de leur utilité dans les arts et dans les usages de la vie.

X. Il y aura un professeur de mathématiques transcendantes, qui fera deux classes par jour. Le cours durera deux ans.

Dans la première classe, il enseignera l'application du calcul différentiel et intégral à la géométrie et aux courbes;

Dans la seconde, l'application du calcul différentiel à la mécanique et à la théorie des fluides.

Il montrera, dans la première, l'application de la géométrie à la levée des plans et des cartes géographiques.

Dans la seconde classe, il donnera des principes généraux de la haute physique, spécialement de l'électricité et de l'optique.

XI. Il sera nommé deux commissions, l'une pour le latin, l'autre pour les mathématiques. Elles dresseront une instruction qui déterminera, d'une manière précise, les parties qu'on doit enseigner dans chaque classe, et les cours qu'on doit suivre.

Elles traceront avec soin l'ordre à établir entre les cours qui seront suivis simultanément, et la durée de chaque classe: elles s'occuperont de la réimpression des auteurs classiques, et la disposeront de manière qu'il y ait autant de volumes qu'il y a de classes, en réunissant dans un seul et même volume tout ce que doit montrer le professeur pour une classe de latin, ainsi que tout ce qui appartient à une classe de mathématiques.

On pourra diviser les volumes selon les parties d'enseignement, pour l'usage des élèves.

Le professeur ne pourra, sous quelque prétexte que ce soit, enseigner d'autres ouvrages.

XII. Il y aura dans chaque lycée un maître d'écriture, un maître de dessin, et un maître de danse.

XIII. Les élèves se rendront à la même heure dans une salle où seront les maîtres de dessin, d'écriture; mais aucun élève ne commencera le dessin que lorsqu'il sera avancé dans l'écriture.

XIV. Les maîtres de danse, de dessin et d'écriture, seront payés par le lycée. Il pourra y avoir des maîtres de musique; mais alors ils seront payés par les parens des élèves.

XV. Tout élève qui obtiendra un prix, pourra recevoir gratuitement les leçons de musique.

XVI. Toutes les fois qu'il y aura plus de deux cents élèves ou pensionnaires, le nombre des professeurs sera augmenté à raison de deux professeurs par 50 élèves au-delà de 150.

Ces deux professeurs seront donnés pour adjoints à ceux des classes plus nombreuses.

XVII. Lorsqu'un lycée aura plus de 400 élèves, il sera partagé en deux divisions, ayant chacune huit professeurs, et organisées de la manière indiquée ci-dessus.

XVIII. Il y aura dans chaque collége un maître de quartier, au plus, pour 30 élèves.

XIX. Un officier-instructeur sera chargé d'apprendre l'exercice aux élèves qui auront plus de douze ans; il enseignera à ceux qui auront atteint cet âge, le maniement des armes et l'école du peloton; il sera obligé de se trouver à toutes les heures, pour commander les marches des élèves dans les différens mouvemens de la journée.

XX. Les professeurs seront divisés, pour le traitement, en trois ordres.

Le professeur de belles lettres et celui de

mathématiques transcendantes seront compris dans le premier ordre.

Les professeurs de latin et de mathématiques des 1.re, 2.e, 3.e et 4.e classes, seront compris dans le deuxième ordre.

Ceux des 5.e et 6.e classes seront compris dans le troisième ordre.

XXI. Les élèves seront divisés, pour la police, en compagnies de 25.

Il y aura dans chaque compagnie un sergent et quatre caporaux, qui seront choisis parmi les élèves les plus distingués.

Un sergent-major pour toutes les compagnies sera choisi parmi les élèves qui réuniront à l'avantage de l'âge et de la taille, ceux de l'instruction et de la bonne conduite. Ce sergent-major suppléera le maître d'exercice en cas d'absence.

XXII. Lorsque les élèves sortiront en corps, ils auront à leur tête le censeur, un maître de quartier, et l'officier-instructeur, maître d'exercice.

XXIII. Tout ce qui est relatif aux repas,

aux récréations, aux promenades, au sommeil, se fera par compagnie.

XXIV. Dans les lycées où il y aura deux divisions, chaque division aura ses compagnies séparées. La division n.° 1 prendra toujours la droite.

XXV. Les punitions infligées aux élèves seront : la prison, la table de pénitence, et les arrêts.

Les arrêts consisteront à être placé, pendant la récréation, à l'extrémité de la cour, sans pouvoir sortir d'un cercle donné.

XXVI. Les maîtres de quartier, l'officier-instructeur, les professeurs et le censeur, pourront condamner à la table de pénitence et aux arrêts.

La prison ne pourra être infligée que par le proviseur, et ne pourra durer que pendant le jour.

Si la faute d'un élève et la circonstance exigent la prison de nuit, le proviseur en rendra compte au ministre de l'intérieur.

XXVII. Il y aura dans chaque lycée une bibliothèque de 1500 volumes; toutes les bibliothèques seront composées des mêmes ouvrages; aucun autre ouvrage ne pourra y être placé sans l'autorisation du ministre de l'intérieur.

Un élève aura le titre de bibliothécaire; il aura deux adjoints.

Les ouvrages seront prêtés aux élèves pour qu'ils puissent lire dans leur récréation, les jours de fête et de vacance.

On leur prêtera les ouvrages qu'ils demanderont.

Le proviseur veillera à ce que les ouvrages ne puissent ni se perdre, ni se dégrader.

XXVIII. Il y aura un aumônier dans chaque lycée.

Le premier Consul, signé BONAPARTE. Par le premier Consul: *le secrétaire d'état*, signé HUGUES B. MARET. Contre-signé, *le ministre de l'intérieur*, CHAPTAL.

Pour ampliation conforme :

Le conseiller d'état chargé de la direction et de la surveillance de l'instruction publique,

signé FOURCROY.

RÉGLEMENT GÉNÉRAL
DES LYCÉES.

Du 22 Prairial an XI.

LE GOUVERNEMENT DE LA RÉPUBLIQUE, sur le rapport du ministre de l'intérieur,

ARRÊTE ce qui suit :

TITRE I.er

ADMINISTRATION.

§. I.er

Bureau d'administration.

ART. I.er Le préfet du département est le président né du bureau d'administration : les autres membres du bureau rempliront tour-à-tour les fonctions de vice-président et de secrétaire, de trois mois en trois mois.

II. Il y aura un registre coté et paraphé par le président, sur lequel seront transcrites toutes les délibérations du bureau, avec l'avis de chacun des membres.

En cas de partage d'opinions, la voix du président sera prépondérante.

III. Lors de la vérification des comptes, qui doit avoir lieu chaque trimestre, le bureau d'administration appellera près de lui, s'il est nécessaire, le procureur-gérent du lycée : celui-ci répondra aux questions qui pourront lui être faites, et donnera sur sa gestion tous les éclaircissemens qui lui seront demandés.

IV. Le bureau examinera si l'emploi des fonds et leur répartition ont été faits conformément aux dispositions des lois et des arrêtés du Gouvernement.

Les comptes visés et examinés par le bureau seront définitivement arrêtés par le président.

V. Le bureau pourra mander près de lui, quand il le jugera convenable, les divers employés du lycée ; il visitera de temps en temps l'intérieur de l'établissement, pour s'assurer de la bonté des alimens, de la bonne tenue des élèves, et de tout ce qui intéresse l'ordre et les progrès de l'enseignement.

Il réformera sur-le-champ les abus qu'il aurait remarqués, et se mettra en état de rendre aux inspecteurs généraux des études un compte exact de l'administration morale et économique du lycée.

Enfin il se conformera, pour le reste, aux dispositions de l'article XVI, titre IV de la loi du 11 floréal an X.

§. II.

Conseil d'administration.

VI. Le proviseur est le président né du conseil d'administration.

VII. Ce conseil s'assemblera le samedi de chaque semaine.

VIII. Les fonctions du conseil d'administration ne sont relatives qu'aux comptes ; elles sont déterminées dans le §. III du titre II.

TITRE II.

RÉGIME INTÉRIEUR DES LYCÉES.

§. I.er

Du Proviseur.

IX. Le proviseur est le chef du lycée ; il exerce sa surveillance sur toutes les parties du service, et il décide tous les cas urgens et imprévus, sauf à en rendre compte au bureau d'administration.

X. Le proviseur nomme et peut changer les maîtres d'études, de langues, de dessin, d'exercices et d'arts d'agrément.

XI. Il choisira les domestiques, et les renverra lorsqu'il le croira nécessaire.

XII. Lorsque le bureau d'administration s'apercevra que quelque employé se conduira mal, il pourra engager le proviseur à le destituer.

§. II.

Du Censeur.

XIII. Le censeur surveillera la conduite, les mœurs, le travail et les progrès des élèves.

XIV. Les maîtres d'études lui seront subordonnés.

XV. Il rendra compte chaque jour au proviseur, de l'état du lycée.

XVI. Il exercera une police particulière sur les externes, dont il surveillera l'entrée et la sortie.

XVII. Il fera, au moins une fois par

semaine, une revue des élèves, pour s'assurer de leur propreté.

XVIII. Il examinera tous les livres, dessins et gravures qui entrent dans le lycée, et écartera ceux qui pourraient être dangereux pour les mœurs.

XIX. Il présidera aux repas, au lever et au coucher des élèves, à l'entrée et à la sortie des classes, aux recréations et aux promenades.

XX. Il pourra entrer à toute heure dans les salles d'études et dans les dortoirs.

§. III.

Procureur-gérent.

XXI. Le procureur-gérent sera tenu de fournir un cautionnement de 9,000 francs, affecté sur un immeuble libre de toute hypothèque, pour la responsabilité de sa gestion; il fera, sur ses quittances, toutes les recettes du lycée, conformément à l'article IV de l'arrêté du Gouvernement du 5 brumaire an XI : les ordonnances pour les pensions des élèves nationaux seront expédiées en son nom, pour lui être payées après le *visa* du conseil d'administration.

XXII. Il rendra, à la fin de chaque semaine, au proviseur et au censeur réunis en conseil d'administration, compte détaillé de ses recettes.

XXIII. Il fera toutes les dépenses et tous les paiemens. Il proposera des marchés pour toutes les dépenses qui en sont susceptibles: ces marchés, examinés par le conseil d'administration, seront proposés à l'approbation du bureau d'administration. Les mémoires et factures seront préalablement revêtus d'un *vu bon à payer* par le proviseur et le censeur, pour être régulièrement acquittés.

XXIV. Les dépenses ordinaires seront visées et arrêtées par le conseil d'administration, après réglement pour celles qui en sont susceptibles.

Les dépenses extraordinaires seront soumises à la délibération du bureau d'administration, pour être autorisées, s'il y a des fonds libres mis en réserve, par le ministre de l'intérieur, d'après le rapport qui lui en sera fait par le conseiller d'état chargé de la surveillance et de la direction de l'instruction publique.

XXV. Les sommes reçues seront déposées dans une caisse à trois clefs différentes, dont une restera entre les mains de chacun des trois membres du conseil; la caisse sera placée dans le local même du bureau d'administration, et sous sa surveillance : il est autorisé à prendre toute mesure qu'il jugera nécessaire à la sûreté des fonds.

XXVI. Toutes les recettes seront portées sur deux registres par les trois membres du conseil réunis, qui en signeront l'enregistrement. Ces registres seront tenus en partie double par *doit* et *avoir.* Les extractions des fonds remis en masse au procureur-gérent pour les dépenses de la quinzaine y seront de même inscrites, afin d'avoir toujours une balance de situation.

L'un de ces registres restera dans la caisse à trois clefs; l'autre sera gardé par le proviseur.

XXVII. A la fin du mois, le procureur acquittera à chaque officier et professeur la portion tant fixe que variable qui lui reviendra pour le mois échu de son traitement, d'après l'état nominatif qu'il en aura dressé, qui sera certifié par le proviseur, et *vu*, par le conseil d'administration, *bon à payer* individuellement sur la quittance en émargement qui sera donnée par les parties prenantes.

Il acquittera de même aux maîtres d'études et aux maîtres de dessin, d'écriture et de danse, la portion de traitement qui leur reviendra, d'après un état nominatif certifié et visé dans la même forme.

XXVIII. Il tiendra un registre pour les comptes des divers maîtres d'exercice ou d'agrément; il y portera la convention faite avec chacun d'eux; les noms des élèves qui reçoivent des leçons y seront inscrits. Les comptes seront arrêtés chaque mois au registre, et il en sera extrait un état nominatif des maîtres et des élèves, avec la somme due pour le mois à raison des conventions.

Cet état, certifié par le proviseur qui a veillé aux exercices et par le procureur-gérent d'après le registre des conventions, sera présenté au conseil d'administration pour être *vu bon à payer.*

XXIX. Il tiendra de même un registre pour

les employés et pour les domestiques du lycée, afin que les appointemens et les gages, tels qu'ils ont été fixés par le bureau d'administration, soient payés à la fin du mois, d'après ces états nominatifs et sur le *vu bon* du bureau.

XXX. Tous mémoires de travaux, de construction, main-d'œuvre, &c. seront réglés par l'architecte du lycée, et ensuite visés par le conseil d'administration pour être payés.

XXXI. A la fin de chaque trimestre, le procureur-gérent remettra au proviseur et au censeur réunis en conseil, le compte détaillé des recettes et des dépenses faites pendant les trois mois; le proviseur soumettra ce compte au bureau d'administration.

XXXII. Ce compte sera appuyé des pièces justificatives. Dans l'examen, le proviseur et le censeur feront toutes les observations qu'ils jugeront convenables pour l'amélioration de la gestion, et pour assurer en même temps l'économie dans les dépenses du trimestre suivant.

XXXIII. Le conseil d'administration rendra compte, par un rapport, de l'examen du compte trimestriel au bureau d'administration, qui en déchargera le comptable, si ce compte est trouvé en due et bonne forme. Deux doubles de ce compte dûment vérifié seront adressés au conseiller d'état chargé du département de l'instruction publique, qui le fera définitivement arrêter par le ministre de l'intérieur.

Il en sera de même du compte général à rendre à la fin de l'année aux inspecteurs généraux des études, conformément à l'article XVII du titre IV de la loi du 11 floréal an X.

§. IV.

Des Professeurs.

XXXIV. Pendant la classe, les élèves seront soumis à l'autorité des professeurs.

XXXV. Si le professeur se trouve dans le cas d'infliger à quelque élève une des punitions portées dans l'article XXVI de l'arrêté des Consuls du 19 frimaire dernier, il en préviendra le censeur des études ou le proviseur, pour qu'ils en assurent l'exécution.

XXXVI. Les professeurs feront composer, au moins une fois par mois, leurs élèves dans les classes où les compositions sur une matière donnée peuvent avoir lieu.

L'élève qui aura obtenu la première place, portera au proviseur la liste des places, signée par le professeur.

XXXVII. Un professeur qui desirera exercer ses élèves hors du temps fixé pour la classe, s'entendra à cet égard avec le censeur.

XXXVIII. Chaque professeur remettra, tous les samedis, au censeur des études ou au proviseur, des notes sur la conduite et les progrès des élèves qui lui sont confiés.

XXXIX. Le proviseur convoquera les professeurs toutes les fois qu'il le jugera nécessaire.

Il pourra également inviter chaque professeur en particulier à se rendre près de lui pour obtenir des renseignemens ou prendre des mesures utiles sur la classe dont le professeur est chargé.

XL. Les professeurs donneront l'exemple de l'exactitude à se rendre en classe aux heures prescrites.

Ils ne pourront se faire remplacer que dans

les cas de maladie, et après en avoir prévenu le proviseur.

Les maîtres d'études sont les suppléans naturels des professeurs : ceux-ci ne pourront se faire remplacer par d'autres que les maîtres d'études, sans l'approbation du proviseur. Si cependant l'ordre des classes le permet, les professeurs, par un consentement mutuel, pourront aussi se remplacer les uns les autres, en cas de besoin.

XLI. Les fonctionnaires, les professeurs et les maîtres d'études, porteront exactement, dans leurs relations avec les élèves, et dans les cérémonies publiques, le costume prescrit par l'arrêté du 5 brumaire an XI.

§. V.

Des Maîtres d'études.

XLII. Il y aura un maître de quartier ou d'études pour chaque classe ou compagnie de vingt-cinq élèves, lorsqu'ils auront plus de quatorze ans; au-dessous de cet âge, il n'y aura que deux maîtres pour trois compagnies.

XLIII. Les maîtres d'études ne quitteront

les élèves qui leur seront confiés, que pendant le temps des leçons.

XLIV. Ils se feront rendre compte, par les élèves, des devoirs imposés à ceux-ci par les professeurs, et veilleront à ce qu'ils les remplissent.

XLV. Ils mangeront avec leurs élèves.

XLVI. Ils coucheront dans les mêmes dortoirs, dont ils garderont les clefs.

XLVII. Ils accompagneront leurs élèves aux promenades, et en général dans toutes les sorties communes.

XLVIII. Deux d'entre eux assisteront, à tour de rôle, aux récréations.

XLIX. Ils conduiront leurs élèves dans leurs salles de leçons respectives, sous la surveillance du censeur.

L. Ils visiteront souvent les livres de leurs élèves, et leur enleveront ceux qui pourraient être dangereux pour les mœurs.

§. VI.

Des Maîtres de dessin, d'écriture et d'arts d'agrément.

LI. La durée, la distribution et le prix des

leçons des maîtres de dessin, d'écriture et d'arts d'agrément, seront réglés par le proviseur.

Nota. Le traitement du maître d'exercice proprement dit est fixé par l'arrêté relatif aux traitemens des fonctionnaires, professeurs, &c.

LII. Le censeur exercera sa surveillance sur ces différens maîtres.

§. VII.

Des Domestiques.

LIII. Il y aura dans chaque lycée,

Un portier,

Un infirmier,

Un domestique par chaque compagnie de vingt-cinq élèves au-dessus de quatorze ans; et au-dessous de cet âge, deux domestiques pour trois compagnies.

LIV. Le portier recevra la consigne journalière du censeur.

LV. Chaque domestique sera soumis au maître d'études de sa compagnie.

LVI. L'infirmier sera soumis au proviseur.

LVII. Les gages des domestiques seront fixés par le bureau.

LVIII. Les domestiques n'auront aucune familiarité avec les élèves, n'en recevront rien, et ne feront pour eux aucune commission sans la permission du maître d'études de la division.

LIX. Les domestiques coucheront dans les dortoirs.

§. VIII.

Des Élèves.

LX. Les élèves nommés par le Gouvernement, et placés par leurs parens comme pensionnaires dans chaque lycée, seront tenus de fournir, en entrant, le trousseau suivant :

Un habit de drap bleu, collet et parement bleu céleste, doublure *idem;* boutons jaunes, en entier de métal, portant le mot *Lycée* au milieu, et autour, en légende, le nom du lieu où sera le lycée;

Une veste et une culotte de même drap, boutons *idem;*

Une culotte de drap bleu,

Deux caleçons,

Une petite veste;

Deux chapeaux ronds jusqu'à quatorze ans, chapeaux français après cet âge;

Deux paires de draps de 11 mètres 80 centimètres chaque, de toile de cretonne;

Six serviettes;

Huit chemises, toile de cretonne;

Six mouchoirs;

Six cravates, quatre de mousseline doubles, deux de soie noire;

Quatre paires de bas de coton,

Trois bonnets de nuit,

Deux peignoirs,

Deux peignes,

Deux paires de souliers: le tout neuf.

§. IX.

Communication des Élèves avec le dehors.

LXI. La sortie du lycée est interdite aux élèves, à moins qu'ils n'en obtiennent la permission du proviseur, qui les fera accompagner.

LXII. Il y aura pour cela des billets imprimés d'avance, où le proviseur portera le nom de l'élève et celui de la personne qui l'accompagnera ; celle-ci remettra en sortant le billet au portier, qui le rapportera au proviseur.

LXIII. Les élèves n'auront de correspondance qu'avec leurs parens ou avec des personnes chargées de la procuration de leurs parens, et qui se seront fait connaître au proviseur.

LXIV. Les lettres arrivant de la poste, ou apportées par des commissionnaires, seront remises par le portier au censeur des études, qui les fera passer aux élèves.

LXV. Les lettres des élèves seront jetées dans une boîte placée dans un lieu commode, et le censeur les enverra à la poste.

LXVI. Les parens ne pourront donner d'argent à leurs enfans qu'en le déposant entre les mains du censeur, qui en surveillera l'emploi.

LXVII. Aucun ouvrier ne pourra être employé par les élèves, sans avoir été agréé par le proviseur.

§. X.

Mouvement des Élèves pendant la journée.

LXVIII. Le signal de tous les exercices sera donné au son du tambour.

LXIX. Les maîtres feront lever et habiller leurs élèves à cinq heures et demie, et les dimanches et fêtes à six heures.

LXX. A six heures, les maîtres conduiront les élèves à la salle d'étude, où ils feront, à leur arrivée, une prière en commun.

LXXI. Il y aura étude jusqu'à sept heures et demie.

LXXII. Le domestique apportera le déjeûner dans la salle d'étude, et les élèves auront une demi-heure pour ce repas.

LXXIII. A huit heures, le maître et l'officier instructeur, ou l'élève en grade qui remplacera l'officier, conduiront les élèves en classe.

LXXIV. Les leçons du matin dureront deux heures.

LXXV. A dix heures, les élèves remonteront en ordre à leur salle d'étude, et y resteront au travail jusqu'à onze heures et demie.

LXXVI. A onze heures et demie, leçons d'écriture et de dessin jusqu'à midi et demi.

LXXVII. Les leçons d'armes et d'arts d'agrément seront prises pendant les récréations.

LXXVIII. A midi et demi, chaque compagnie sera conduite en ordre à la place du réfectoire qui lui est assignée; chaque sergent sera à la tête de sa compagnie, chaque caporal à la tête de sa subdivision.

LXXIX. Le dîner durera trois quarts d'heure.

LXXX. On se levera au signal donné par le censeur.

LXXXI. Il y aura récréation dans les cours, et, s'il ne fait pas beau, dans les salles d'étude, pendant trois quarts d'heure.

LXXXII. A deux heures on rassemblera les élèves, et ils seront conduits à l'étude dans l'ordre prescrit pour tous les mouvemens.

LXXXIII. Les leçons du soir commenceront à trois heures, et finiront à cinq heures moins un quart.

LXXXIV. On retournera alors dans la salle d'étude, et on y goûtera pendant un quart d'heure; dans les beaux temps, le goûter pourra avoir lieu dans la cour.

LXXXV. L'étude recommencera à cinq heures et durera jusqu'à sept.

LXXXVI. Il y aura ensuite une demi-heure de récréation dans la cour en été, et en hiver, ou lorsqu'il fera mauvais temps, dans la salle d'étude.

LXXXVII. Le souper à sept heures et demie, dans le même ordre que le dîner.

LXXXVIII. Après le souper il y aura récréation comme avant, jusqu'à neuf heures moins un quart.

LXXXIX. On fera la prière du soir jusqu'à neuf heures, et les élèves seront reconduits en ordre dans les dortoirs, où les maîtres les feront aussitôt coucher.

XC. Les maîtres ne se coucheront eux-mêmes qu'après s'être assurés que chaque élève est dans son lit.

XCI. Il sera fait une lecture pendant les repas, et les élèves observeront le plus grand silence. Le déjeûner et le goûter sont exceptés de cette disposition; encore les élèves seront-ils tenus de parler sans tumulte et sans confusion.

§. XI.

Des jours de Congé.

XCII. Les classes vaqueront tous les jeudis, tous les dimanches et les jours de fête.

XCIII. Il y aura étude depuis six heures et demie jusqu'à huit, le jeudi. A huit heures déjeûner, et récréation jusqu'à neuf heures et demie, ensuite étude jusqu'à onze heures ; à onze heures exercices militaires jusqu'à midi et demi. Au commencement de l'exercice, il sera fait une inspection des habits par l'instructeur et le censeur des études ; puis dîner et départ pour la promenade. Les élèves devront être de retour pour l'heure ordinaire du souper en été, et pour cinq heures en hiver; puis étude depuis cinq heures et demie jusqu'au souper.

XCIV. Les dimanches et jours de fête, les élèves se rendront à l'office immédiatement après le déjeûner, c'est-à-dire, à huit heures et demie ; après l'office, récréation jusqu'à dix heures et demie ; à dix heures et demie, étude jusqu'à midi ; à midi, dîner, et récréation jusqu'à une heure ; à une heure, office ; immédiatement après l'office, départ pour la promenade.

XCV. Sont exceptés de cette disposition les jours de grandes fêtes, où les élèves n'iront pas en promenade.

XCVI. Le proviseur déterminera les lieux où se dirigeront ces promenades.

XCVII. On n'omettra ces promenades que lorsque le mauvais temps les rendra absolument impossibles.

XCVIII. Aucun élève ne pourra s'écarter de ses camarades.

XCIX. Ils ne pourront rien acheter qu'en présence et avec la permission de leurs maîtres.

§. XII.

Des Exercices religieux.

C. L'aumônier du lycée sera désigné par le proviseur, et nommé par l'évêque : il est chargé, sous la surveillance du proviseur, de tout ce qui est relatif aux exercices de religion.

CI. Il y aura, autant qu'il sera possible, une chapelle dans l'intérieur du lycée pour la célébration des offices, les jours de dimanche et de fête.

CII. S'il ne pouvait y avoir de chapelle dans l'intérieur du lycée, les élèves seraient conduits à l'église la plus proche, où l'aumônier célébrerait l'office.

CIII. Les élèves se rendront à l'église dans l'ordre prescrit par l'article XXII de l'arrêté du 19 frimaire; ils observeront, en route et dans l'église, la décence convenable.

CIV. S'il y a, dans la ville où le lycée sera établi, un ou plusieurs édifices affectés à des cultes différens, et si le lycée contient des élèves de ces cultes, ils y seront conduits avec le même ordre.

CV. S'il n'y a point de ces édifices, on fera aux élèves non catholiques, pendant la durée des offices catholiques, une instruction sur la morale de l'évangile.

CVI. Le proviseur avisera aux moyens de faire instruire les élèves dans leur religion, d'après le vœu de leurs parens.

§. XIII.

Des Examens et des Prix.

CVII. A la fin de chaque trimestre, le proviseur et le censeur s'adjoindront tels examinateurs qu'ils trouveront à propos, feront l'examen des élèves, et décerneront des prix dans chaque classe.

CVIII. A la fin de l'année classique, il y aura des exercices littéraires où les élèves de chaque classe devront paraître; ils seront interrogés en public et en présence des membres du bureau d'administration, sur les objets auxquels ils auront été appliqués pendant le cours de l'année.

CIX. Le proviseur donnera, pour cette distribution annuelle, les sujets des compositions pour les genres d'instruction qui en comporteront.

CX. Les prix des trois plus hautes classes seront décernés par le bureau d'administration, qui pourra s'adjoindre tels autres examinateurs qu'il jugera à propos.

CXI. Les prix des quatre autres classes seront décernés par le proviseur et le censeur, comme dans les examens de trimestre.

CXII. Il y aura dans chaque classe, et pour chaque genre d'instruction, un premier et un second prix, qui ne pourront être partagés. Le nombre des *accessit* ne pourra passer trois pour vingt élèves; il pourra augmenter à proportion de leur nombre, sans jamais passer six.

CXIII. Les objets à donner en prix seront réglés par le bureau.

CXIV. Les compositions qui auront remporté les prix dans les trois plus hautes classes, seront envoyées par le proviseur à l'inspection générale des études.

§. XIV.

Des Vacances.

CXV. Les vacances commenceront le 1.er fructidor et finiront le 15 vendémiaire suivant.

CXVI. Pendant ce temps, les professeurs seront exempts de tout travail.

CXVII. Les élèves pourront passer leurs vacances chez leurs parens; ils seront tenus d'être rentrés au lycée la veille de l'ouverture des leçons.

CXVIII. Les élèves qui resteront dans le lycée seront occupés à un travail modéré, sous la surveillance des maîtres d'études.

CXIX. Si le nombre de ces élèves n'est pas considérable, les maîtres d'études pourront s'absenter successivement, de manière qu'il en reste toujours un pour vingt-cinq élèves.

CXX. Pendant les vacances, les élèves restés dans le lycée feront des promenades plus fréquentes, qui seront réglées par le proviseur.

CXXI. Ils pourront même faire des voyages instructifs dans les contrées voisines du lycée, pour y observer et décrire les productions de la nature et de l'art.

§. XV.

Des Punitions.

CXXII. Les punitions corporelles sont interdites.

CXXIII. Les autres, qui sont désignées dans les articles XXV, XXVI et XXVII de l'arrêté du 19 frimaire an XI, ne pourront être infligées aux élèves que conformément aux dispositions dudit arrêté.

§. XVI.

De l'Infirmerie.

CXXIV. L'infirmerie est particulièrement et immédiatement soumise à la sollicitude du proviseur; il la visitera tous les jours.

CXXV. Les maîtres sont spécialement

chargés de l'avertir, dès qu'ils apercevront quelque symptôme d'incommodité dans leurs élèves.

CXXVI. Le médecin, le chirurgien et le pharmacien, seront choisis par le proviseur ; ils seront tenus de faire, tous les jours, au moins une visite à l'infirmerie.

CXXVII. Le médecin et le chirurgien examineront tous les trois mois les élèves du lycée.

CXXVIII. L'infirmier aura sous lui un nombre de *gardes-malades* proportionné à celui des malades.

CXXIX. L'entrée de l'infirmerie sera rigoureusement interdite aux élèves en bonne santé.

§. XVII.

Des Externes.

CXXX. Les jeunes gens qui desireront seulement profiter des leçons qui se donnent dans le lycée, se feront présenter au proviseur par leurs parens ou répondans.

CXXXI. Ils recevront une carte d'entrée, sans laquelle ils ne seront point admis.

CXXXII. Ils seront tenus à une mise

décente, mais l'uniforme des élèves de l'intérieur leur sera interdit : ils ne pourront assister aux études, ni prendre part aux récréations.

CXXXIII. Ils seront soumis à l'inspection spéciale du censeur.

CXXXIV. Le proviseur exclura, sur la demande du censeur ou des professeurs, ceux qui se conduiront mal.

CXXXV. Ils paieront leur rétribution par trimestre et d'avance.

CXXXVI. On ne rendra rien à celui que son inconduite fera exclure dans le cours d'un trimestre.

TITRE III.

DISPOSITIONS GÉNÉRALES.

CXXXVII. Les portes du lycée seront ouvertes à cinq heures et demie du matin, et fermées à neuf heures du soir ; les clefs seront portées chez le proviseur, et, en son absence, chez le censeur.

CXXXVIII. Aucun étranger ne sera admis à coucher dans le lycée, sans la permission expresse du proviseur.

CXXXIX. Aucun maître, écolier ni domestique, ne couchera hors du lycée sans la permission du proviseur.

CXL. L'entrée de l'intérieur sera interdite à toute personne du sexe, excepté aux mères, sœurs, tantes ou tutrices des élèves, lesquelles ne pourront néanmoins y entrer sans la permission du proviseur.

CXLI. Toutes les autres seront reçues dans le parloir.

Les dispositions de cet article sont applicables aux femmes, parentes et domestiques femelles des proviseurs, censeurs, professeurs et employés des lycées.

En conséquence, il est expressément défendu aux femmes desdits employés, et à toutes autres, de résider dans les bâtimens affectés à ces établissemens, et d'y entrer sous quelque prétexte que ce puisse être.

La buanderie, la lingerie et l'infirmerie, si elles sont confiées à des femmes, seront placées dans des corps-de-logis isolés, dont l'entrée et la sortie n'auront aucune communication avec l'intérieur de l'établissement.

CXLII. Tous les jeux et exercices dangereux, tous les jeux de cartes et de hasard, sont interdits ; il est également défendu d'exposer de l'argent à quelque jeu que ce soit.

CXLIII. Les élèves ne pourront quitter leurs habits aux heures de récréation, sans la permission du censeur.

CXLIV. Tout propos injurieux ou indécent sera rigoureusement puni.

CXLV. L'introduction de toute arme, et celle de la poudre à tirer, même en artifice, est interdite.

CXLVI. Toute espèce de prêt, d'échange et de vente entre les élèves, ne pourra avoir lieu qu'avec la permission de leurs maîtres d'études respectifs.

CXLVII. Les dortoirs seront éclairés pendant la nuit.

CXLVIII. Un des domestiques sera chargé, à tour de rôle, de veiller et de parcourir les cours, escaliers, corridors, afin de prévenir les désordres et les incendies.

CXLIX. Il sera remis à chaque professeur et maître du lycée, un exemplaire du présent réglement, lequel sera imprimé, à cet effet, en nombre suffisant. En tête de ce même réglement seront également imprimés, 1.° la loi du 11 floréal an X; 2.° l'arrêté du 5 brumaire an XI, qui détermine le costume des proviseurs, censeurs, procureurs-gérens, professeurs et maîtres, et l'uniforme des élèves; 3.° l'arrêté du 19 frimaire, qui fixe le mode d'enseignement et la police générale des lycées; 4.° le travail des deux commissions chargées de désigner les livres classiques à l'usage de tous les lycées; 5.° enfin, le catalogue des livres qui doivent former la bibliothèque de chaque lycée.

CL. Le ministre de l'intérieur est chargé de l'exécution du présent arrêté.

Le premier Consul, signé BONAPARTE. Par le premier Consul: *le secrétaire d'état*, signé HUGUES B. MARET. Contre-signé, *le ministre de l'intérieur*, CHAPTAL.

Pour ampliation conforme :

Le conseiller d'état chargé de la direction et de la surveillance de l'instruction publique,

signé FOURCROY.

RAPPORT

De la Commission nommée par arrêté du Gouvernement, du 27 Frimaire an XI, pour le choix des Livres classiques des Lycées, danschaque classe de Latin et dans celle des Belles-Lettres.

LES principes des belles-lettres ne sont pas sujets aux mêmes révolutions que ceux des sciences: ils sont puisés dans l'imitation d'un modèle qui ne change point. Ils peuvent être souvent négligés par la paresse, méconnus par l'ignorance, insultés par l'orgueil et l'envie; mais la raison les remet en honneur dès qu'elle a le droit de se faire entendre : en les oubliant, on ne les a pas détruits; en les attaquant, on leur a préparé de nouveaux triomphes, et leur plus beau privilége même est de se fortifier par leur vieillesse. L'enseignement de ces arts, dont l'essence est invariable, a donc pu dès long-temps être soumis à des règles certaines, tandis que les sciences, au contraire, sont forcées d'abandonner tous les jours leurs anciens systèmes pour les observations nouvelles qu'amène le temps ou le hasard. Il serait ridicule aujourd'hui de citer à l'astronomie et à la physique l'autorité de Ptolémée et d'Épicure; mais les principes d'Aristote et d'Horace n'ont point changé, l'éloquence et la poésie les suivent encore.

Ces observations incontestables ont dû guider la commission que le Gouvernement a chargée de choisir le plan des méthodes et les auteurs les plus convenables à la perfection des études littéraires. Les vrais principes sont publiés d'avance par la voix de vingt siècles; des doctrines éprouvées ont déjà formé plusieurs générations d'hommes illustres, et dès-lors on n'a plus besoin que de rétablir les bonnes traditions et de rendre hommage à l'expérience. Il faut imiter en tout la sagesse du Gouvernement : c'est dans les ruines des anciennes écoles qu'il a retrouvé les matériaux des nouvelles.

La connaissance de la langue latine fera toujours la principale partie de l'enseignement : c'est d'après les plus importantes considérations que cet usage est maintenu. Nulle langue en effet ne réunit autant d'avantages; elle a donné naissance au plus grand nombre des idiomes modernes : les Romains qui la parlaient ne sont plus ; elle leur survit encore, et semble éternelle comme leur nom. Plusieurs sciences la choisissent pour leur interprête, et se propagent avec elle d'un bout du monde à l'autre ; la jurisprudence la réclame, la médecine ne l'abandonnera pas, et la religion la consacre dans ses temples. Les philosophes ont quelquefois agité la question d'une langue universelle; mais cette question était résolue d'avance. Rome antique ne réunit-elle pas, en quelque sorte, sous la domination de sa langue, tous les empires de l'Europe, qui ne sont que les débris du sien !

L'utilité du latin est donc reconnue ; mais quels sont les moyens de l'apprendre avec le plus de promptitude et de facilité? Le bon sens et l'usage suivi par les plus habiles professeurs prouvent depuis long-temps que l'élève doit connaître d'abord les principes généraux de sa propre langue, et que l'étude de la grammaire française doit précéder celle de la grammaire latine. Telle est l'opinion du sage

Rollin; et les nouvelles écoles imiteront sans doute les anciennes, dans leur amour et leur respect pour son nom et son autorité.

« Il est naturel, dit-il, de commencer l'ins- » truction des enfans par les règles de la gram- » maire française, dont les principes leur ser- » viront aussi pour l'intelligence du latin et » du grec, et paraîtront beaucoup moins diffi- » ciles et moins rebutans, puisqu'il ne s'agira » que de leur faire ranger dans un certain » ordre des choses qu'ils savaient déjà, quoique » confusément. »

Il ajoute plus bas :

« Les premières règles qu'on donne pour » apprendre le latin, doivent être en français, » parce que, en toute science, en toute con- » naissance, il est naturel de passer d'une chose » connue et claire à une chose qui est in- » connue et obscure. »

Ici s'offrent quelques difficultés.

Les bonnes grammaires, et sur-tout pour le premier âge, ne sont pas très-multipliées : on doit éviter avec soin, dans les livres de ce genre, les définitions inexactes, la manie des systèmes, et toutes les erreurs qui en sont la suite. L'esprit de *Duclos*, le jugement de *Dumarsais* et l'analyse de *Condillac*, ne les ont pas toujours garantis de ces défauts. Avant eux, il est vrai, les grands principes étaient établis dans la Grammaire générale de *Port-Royal*, qu'ils ont tous plus ou moins bien commentée, sans jamais en égaler ni la justesse ni la profondeur. Mais les solitaires de *Port-Royal* sont plus faits pour instruire les maîtres que les disciples ; leur génie parle de trop haut pour se faire entendre à tous les esprits. On a très-bien observé que leur école avait produit les écrivains les plus mâles et les plus purs ; mais on convient aussi qu'une société célèbre, dont ils furent les ennemis, savait donner à l'instruction, des formes plus insinuantes, et proportionnait mieux ses leçons à la faiblesse de l'enfance. L'université de Paris avait adopté successivement ce que les deux méthodes offraient de meilleur ; et c'est pour cela que le cours d'études connu sous le nom d'*humanités* y avait acquis tant de perfection.

Ce corps, dont les honorables débris sont

en grande partie l'ornement des nouvelles écoles, comptait parmi des noms illustres celui d'un homme moins connu qui composa plusieurs livres élémentaires dignes d'estime : cet homme est le vertueux *Lhomond;* ses travaux furent sans éclat, mais non sans utilité (1) : il ne travailla que pour l'intérêt des élèves, et jamais pour celui de son amour-propre. Ce mérite si peu commun justifie la préférence qu'on donne à sa Grammaire française dans le tableau ci-joint; on l'étudiera deux mois avant de passer à d'autres études. On fera usage ensuite de la méthode latine du C.en *Gueroult* (2). Cette méthode est, pour le fond, celle de Port-Royal; mais le nouvel éditeur, en l'abrégeant, a su la rendre plus propre à l'enfance.

On expliquera tour-à-tour l'*Epitome historiæ*

---

(1) Il resta pendant vingt ans professeur de sixième, et ne voulut jamais passer dans les hautes classes, malgré les invitations de ses supérieurs qui rendaient justice à son mérite.

(2) C'est au C.en *Gueroult* que nous devons aussi l'excellente traduction de l'Histoire des animaux, de *Pline* le Naturaliste.

sacræ et Græcæ. Ces deux abrégés réunissent, dans des phrases courtes et faciles, les principaux traits de l'histoire juive et de l'histoire grecque. On y joindra l'*Appendix de Diis* du P. *Jouvency* : ce petit livre est dans son genre un vrai modèle ; en retranchant de la mythologie tout ce qui est dangereux pour l'enfance, il n'a rien omis de ce qui est nécessaire. Le *Catéchisme historique* de *Fleury* terminera les études de la sixième classe. *Voltaire*, et ses éloges ne paraîtront pas suspects, a lui-même loué cet auteur, dont une sage philosophie éclaire toujours la piété. Le *Catéchisme historique* a d'ailleurs l'avantage de remettre sous les yeux tous les événemens de l'histoire sainte, et de continuer les études littéraires en commençant à former l'homme moral.

Dans la cinquième classe, on lira *Cornelius Nepos.* Aux portraits des grands hommes de la Grèce contenus dans cet historien et dans l'*Epitome historiæ Græcæ*, on fera succéder ceux des grands hommes de l'ancienne Italie, dans le recueil intitulé *De Viris illustribus Romæ.* On traduira les *Fables* de *Phèdre ;* on comparera leur élégante brièveté aux grâces de

la Fontaine ;

la Fontaine; on apprendra par cœur les fables françaises imitées de *Phèdre*, et ce double exercice formera le goût et la mémoire. Enfin, le livre de lecture française sera, pour la cinquième classe, les *Mœurs des Israélites :* cet ouvrage, qui est encore de *Fleury*, doit plaire à l'enfance, par les scènes naïves, les histoires merveilleuses et la simplicité des premiers âges du monde; il a, sous ce rapport, quelque ressemblance avec l'*Odyssée.* Aussi *Fénélon* aimait-il beaucoup les *Mœurs des Israélites ;* comment ne pas introduire dans les écoles un ouvrage recommandé par le suffrage de *Fénélon!*

Dans la quatrième classe, on donnera plus d'exercice à l'esprit, en le promenant sur un plus grand nombre d'auteurs. On aura soin d'étendre et de varier les objets d'enseignement : c'est là que doit commencer le cours de géographie. Mais, nous l'avouons à regret, les bons élémens de géographie sont aussi rares que les bons élémens de grammaire; l'art de parler à l'enfance est peu connu dans le plus grand nombre des livres composés pour elle : cet art est moins facile qu'on ne croit.

Des esprits supérieurs, qui ont reculé les bornes de la science, n'en ont pas su toujours développer les principes avec simplicité. Les bons livres élémentaires sont en général le fruit d'une patience laborieuse et d'une extrême modestie; la science doit y cacher toutes ses difficultés, et l'orgueil toutes ses prétentions. Voilà pourquoi ce genre de travail est moins commun et moins heureux de jour en jour. Les commissaires ont donc fixé leur choix sur l'ancien Abrégé de la sphère et de la géographie de *Crozat.* Les derniers éditeurs ont eu soin d'y faire entrer les nouvelles divisions de l'Europe et de la France. Il faut y joindre quelques-unes des cartes faites pour la ci-devant école militaire : elles sont bien exécutées, et, dans tout ce qui regarde le monde ancien, on y suit les indications du savant et judicieux *d'Anville*, qu'on peut appeler le *Strabon* moderne.

L'enfant qui étudie les auteurs latins, verra sur la carte le théâtre des événemens passés, et la place qu'occupèrent les empires et les peuples qui ne sont plus. Ces notions géographiques seront d'autant plus nécessaires, que dans cette quatrième classe on doit lire *Justin*, qui abrégea, comme on sait, l'histoire universelle de *Trogue Pompée.* A l'explication de *Justin*, on mêlera des morceaux du *Selectæ è profanis.* Cet ouvrage, fait d'après les conseils et sur le plan de *Rollin*, renferme les actions les plus illustres, les traits les plus éloquens et les pensées les plus sages de l'antiquité. C'est un des plus utiles recueils que l'érudition et la vertu aient composés pour la jeunesse. Il peut avoir son usage dans presque toute la durée des études, puisqu'il est formé par tous les auteurs latins, de morceaux plus ou moins difficiles, qui conviendront successivement à la diverse capacité des élèves.

Quelques métamorphoses d'*Ovide* offriront un amusement utile à l'imagination naissante : les mœurs et le goût exigent un choix sévère dans ce poëte : mais des tableaux tels que ceux de la *Création*, du *Déluge*, de *l'Age d'or;* des fables comme celles de *Phaéton*, de *Méléagre*, de *Philémon* et *Baucis*, feront sans danger les délices de l'enfance. On donnera bientôt l'idée d'un style plus parfait et non moins aimable, en expliquant la première, la quatrième et la cinquième églogue de *Virgile.* On étudiera le premier des orateurs ainsi que le premier des poëtes, dans quelques fragmens de *Cicéron* choisis avec soin par *d'Olivet.* Enfin on exercera les élèves à l'art de lire, en leur faisant réciter à haute voix la fable touchante d'*Aristonoüs* par *Fénélon*, quelques-uns de ses dialogues pour le duc de Bourgogne, et des portraits de *la Bruyère.*

Nous voici presque au milieu du cours d'études. Arrêtons-nous un moment pour quelques observations. Les anciens colléges avaient un grand nombre d'usages utiles et quelques préjugés. Prenons les uns et laissons les autres. On encourageait autrefois la composition des thèmes ; on la néglige aujourd'hui. Il nous semble pourtant que l'autorité des colléges a quelque poids. On ne peut nier que les versions n'aient plus d'attraits, et que l'esprit naturel des enfans ne s'y montre plus vîte : mais les versions ne peuvent suffire seules à donner la connaissance de la langue latine ; on ne peut bien en savoir toutes les règles, en pénétrer le génie, en résoudre les difficultés, que par l'usage des thèmes entremêlé à celui des versions. L'ignorance et la frivolité verront peut-être dans ce conseil un reste des préventions scholastiques : elles représenteront les dégoûts et l'ennui que les thèmes donnent ordinairement au premier âge. Mais ne sait-on pas que le travail commencé avec quelque peine donne toujours le plus de fruit ? Le maître ordonnera donc aux disciples de traduire tour-à-tour le français en latin et le latin en français : ces deux exercices sont également nécessaires. Des sophistes ont dit qu'après avoir appris une langue morte, on ne savait rien que des mots ; mais avant que ces mots avec leurs diverses acceptions soient entrés dans la tête de l'enfant, que de figures et d'idées y ont pris place avec eux ! que d'observations et d'analyses variées se sont faites à son insu pour admettre ou rejeter telle ou telle expression ! En traduisant on compare sans cesse, et chaque comparaison est un jugement : ce travail, et nous en avons pour garant l'exemple des plus grands hommes, semble le plus propre, dans la jeunesse, à donner de la force, de l'activité et de la règle à toutes les puissances de l'esprit. Et d'ailleurs, voyez combien l'imagination s'agrandit, en vivant au milieu de ce que l'antiquité a produit de plus grand et de plus beau! Quel avantage ne doit pas avoir sur les hommes étrangers à ces premières études, celui qui les fait avec soin, et qui porte dans sa mémoire tant de grandes pensées et tant d'illustres souvenirs!

L'instruction prendra plus d'intérêt encore dans la troisième classe; l'histoire, dont on n'a vu que des traits épars dans les ouvrages cités plus haut, sera enseignée avec soin, et dans l'ordre progressif des faits et des temps : on l'apprendra dans les *Rudimens d'histoire* par *Domairon*. Les diverses parties de ce cours, distribuées avec un esprit sage et méthodique, feront l'objet d'une étude suivie, depuis la troisième classe jusqu'à la fin de la première. La chronologie doit, comme la géographie, accompagner l'histoire : on recommande les *Tablettes chronologiques* à l'usage des prytanées, et le *Tableau historique* de *Prevost d'Iray*.

Il sera temps aussi d'étudier la prosodie latine, et de s'exercer à la versification dans la langue de *Virgile.* Il est aisé de faire des objections contre les vers latins modernes ; mais il est difficile de sentir l'harmonie des vers de *Virgile,* si on ne s'essaie pas à l'imiter. Les principaux épisodes des *Géorgiques* sont indiqués pour cette classe, ainsi que les *Traités de la vieillesse* et *de l'amitié.* On lira tour-à-tour la *Guerre des Gaules* par *César,* et l'*Histoire d'Alexandre* par *Quinte-Curce ;* on rapprochera les exploits, le caractère et les destinées des deux plus grands hommes de l'antiquité : on pourra comparer aussi l'histoire de *Charles XII* à celle d'*Alexandre.* Il est vrai que le roi de Suède est le *Pyrrhus* et non l'*Alexandre* moderne ; mais *Voltaire* a quelque rapport avec *Quinte-Curce,* par l'élégante rapidité de la narration, et l'air merveilleux qu'il donne aux événemens historiques. C'est à cette époque qu'on mettra dans la main des élèves un livre que tous les enfans bien nés connaissent dans l'Europe entière : on devine aisément que ce livre est le *Télémaque.*

On voit que les écoles modernes ne mériteront pas le reproche fait quelquefois aux anciennes universités; on ne dira plus que l'étude du français est sacrifiée à celle du latin : les chefs-d'œuvre français, dans ce nouveau plan, se trouvent à chaque instant rapprochés des chefs-d'œuvre antiques, et l'honneur de la langue maternelle est bien vengé.

Le même esprit a dirigé le choix des livres qu'on destine aux classes suivantes. Dans la deuxième, après la conjuration de *Salluste,* on voit celle de *Venise* par *Saint-Réal;* les *Révolutions romaines* de *Vertot* sont placées près de *Tite-Live.* Dans la première, on admirera l'*Histoire universelle* de *Bossuet,* plus majestueux que *Tite-Live* lui-même. Quelques odes d'*Horace* et de *Rousseau,* des lettres de *Pline* le jeune et de madame *de Sévigné,* sont mises en parallèle. L'*Appendix de Diis* ne suffisait plus aux travaux plus variés des deux dernières classes ; il fallait un *Traité de mythologie complet :* celui de *Tressan* a réuni les suffrages.

La classe des belles-lettres enfin doit achever, doit embellir l'ouvrage de toutes les autres. En conséquence, on a voulu y réunir tous les genres d'attraits et d'instruction. On a mis l'*Andrienne* à côté du *Misanthrope* de *Molière*, l'Art poétique d'*Horace* avec celui de *Boileau*, *Tacite* auprès de *Montesquieu*, le septième chant de la *Henriade* au-dessous du sixième de l'*Énéide*, le petit Carême de *Massillon* et les Oraisons funèbres de *Bossuet* non loin des plus belles harangues de l'Orateur romain. On n'a pas même voulu supprimer les auteurs d'un goût moins pur, quand des beautés réelles se mêlent à leurs défauts. Ainsi, des fragmens de *Sénèque* et de *Lucain* seront lus tour-à-tour avec quelques morceaux choisis de *Fontenelle* et de *Thomas*. C'est dans cette classe de belles-lettres que le talent des élèves doit briller de tout son éclat. Les narrations, les vers latins et même français, les compositions oratoires, tout sera mis en usage pour former le style, en donnant de la justesse à l'imagination et de l'abondance à la pensée. On conseille pour cette classe le *Traité des études* par *Rollin* (1),

(1) Le C.en *Fontanes* se propose de donner incessamment une nouvelle édition de cet ouvrage.

et les *Principes généraux des belles-lettres* par *Domairon.*

Les C.[cens] *Noël* et *Delaplace* ont fait pour les anciens poëtes ce qu'on avait déjà fait pour les orateurs; ils en ont réuni avec goût les plus beaux passages, dans un recueil qui doit être adopté par les lycées.

La commission a fini sa tâche. Le plan qu'elle propose n'est pas nouveau; mais c'est pour cela peut-être qu'il est bon. Elle ne se flatte point d'apprendre quelque chose aux professeurs : elle ne fait ici que consacrer leurs exemples. On regrette, en finissant, que la langue grecque n'ait point de place dans l'éducation nationale. Puisse le zèle des professeurs suppléer au silence du Gouvernement ! puisse au moins cette belle langue être enseignée dans les villes où l'on étudie la médecine et ces sciences qui ont tiré du grec leurs principaux termes et souvent toute leur nomenclature ! A la vérité, le temps est court, les objets d'étude sont nombreux, et déjà même on accorde bien peu d'années à la langue latine. L'expérience seule apprendra si cette épargne de temps est un surcroît de connaissances, et si l'art d'abréger, très-utile à l'homme qui sait beaucoup, peut l'être également à l'enfant qui ne sait rien.

Quoi qu'il en soit, la fondation des lycées est un grand bienfait : on n'entendra plus renouveler contre les lettres les blasphèmes de l'ignorance. Des esprits vulgaires ne voudront plus donner les lois de Crète et de Lacédémone à cette République immense qui n'a point de modèle, et qui doit posséder à-la-fois les vertus guerrières de Rome, les arts d'Athènes et le commerce de Cartage.

FAIT et arrêté ce 27 Floréal an XI.

FONTANES, CHAMPAGNE, DOMAIRON.

OUVRAGES

Proposés pour l'Enseignement des Classes de Mathématiques des Lycées.

SÉRIE LITTÉRAIRE.

OBJETS D'ENSEIGNEMENT.

1.re Année.

6.e classe..... Latin. Chiffrer.

5.e .... Latin. Les quatre règles.

2.e Année.

4.e .... Latin. Géographie.

3.e .... Latin. Géographie. Élémens de Chronologie. Histoire ancienne.

3.e Année.

2.e .... Latin. Géographie. Histoire jusqu'à l'empire français. Mythologie.

1.re .... Latin. Géographie. Histoire de France.

4.e et 5.e Années.

Belles-lettres latines et françaises.

SÉRIE MATHÉMATIQUE.

OBJETS D'ENSEIGNEMENT ET LIVRES PROPOSÉS.

SIXIÈME CLASSE.

Matin... { Mathématiques. — L'*Arithmétique de* LACROIX, jusqu'aux fractions décimales exclusivement.
Histoire naturelle. — *Élémens d'histoire naturelle du C.^{en}* DUMÉRIL. }

CINQUIÈME CLASSE.

Soir.... { Mathématiques. — Le reste de l'*Arithmétique de* LACROIX.
Principaux phénomènes de physique. — *Élémens de physique du C.^{en}* HAÜY (1.re partie). }

QUATRIÈME CLASSE.

Matin... { Mathématiques. — Ire partie de la *Géométrie de* LACROIX.
Élémens de la sphère. — *Élémens d'astronomie du C.^{en}* BIOT (1.re partie). }

TROISIÈME CLASSE.

Soir.... { Mathématiques. — La 2.e partie de la *Géométrie de* LACROIX.
Élémens d'astronomie. — *Élémens d'astronomie du C.^{en}* BIOT (2.e partie). }

DEUXIÈME CLASSE.

Matin...
- Mathématiques. — Le 1.er volume de l'*Algèbre de* LACROIX.
- Principes de la chimie. — *Élemens de chimie du C.en* ADET.

PREMIÈRE. CLASSE.

Soir ...
- Mathématiques. — L'*Application de l'algèbre à la géométrie de* LACROIX, excepté la trigonométrie sphérique.
- Notions de minéralogie. — *Élémens de minéralogie du C.en Al.* BRONGNIART.

MATHÉMATIQUES TRANSCENDANTES.

5.e Année.

Application du calcul différentiel et intégral aux courbes. — Complément des *Élémens d'algèbre de* LACROIX, I.re partie du *Traité élémentaire de calcul différentiel et de calcul intégral de* LACROIX.

Plans et Cartes géographiques.

6.e Année.

Application du calcul différentiel et intégral à la mécanique et aux fluides. — II.e partie du *Traité de* LACROIX, jusqu'à l'intégration des équations différentielles partielles exclusivement. — *Élémens de mécanique de* FRANCŒUR.

Principes généraux de la haute physique, de l'électricité et de l'optique. — *Élémens de physique du C.*en HAÜY (2.e partie).

RÉCAPITULATION.

MATHÉMATIQUES.

La Commission propose,

Pour la 6.e et la 5.e classe de mathématiques, le *Traité élémentaire d'arithmétique de* LACROIX ;

Pour la 4.e et la 3.e, les *Élémens de géométrie* du même auteur ;

Pour la 2.e, les *Élémens d'algèbre de* LACROIX ;

Pour la 1.re, le *Traité élémentaire de trigonométrie et de l'application de l'algèbre à la géométrie*, du même;

Pour les deux années du cours de mathématiques transcendantes, le complément des *Élémens d'algèbre de* LACROIX; son *Traité élémentaire de calcul différentiel et de calcul intégral*; le *Traité élémentaire de mécanique de* FRANCŒUR.

PHYSIQUE ET CHIMIE.

La Commission n'ayant point trouvé de livres propres à l'enseignement des sciences physiques dans les lycées, propose de charger le C.en DUMÉRIL, professeur à l'école de médecine, de rédiger les

Élémens d'histoire naturelle pour la 6.e classe de mathématiques; et le C.^{en} Alex. BRONGNIART, ingénieur des mines, ceux *de minéralogie* pour la première ;

Le C.^{en} ADET, membre du Tribunat, les *Élémens de chimie* pour la deuxième ;

Le C.^{en} BIOT, professeur de physique mathématique au Collége de France, les *Elémens d'astronomie* pour la 4.e et la 3.e;

D'inviter le C.^{en} HAÜY à écrire les *Traités de physique ;* et, si ce savant ne pouvait s'en charger, le C.^{en} BIOT serait indiqué pour faire ce travail.

FAIT et arrêté par les membres de la Commission. Paris, le 20 Germinal an XI.

LAPLACE, MONGE, LACROIX.

CHOIX

Des Livres classiques pour le Latin et les Belles-Lettres.

SIXIÈME CLASSE.

On commencera par la Grammaire française.

Grammaire française de LHOMOND.

Ouvrages latins.

I.re partie de la Méthode latine du C.en GUEROULT, ou rudiment de LHOMOND.

Epitome historiæ sacræ de LHOMOND.

Epitome historiæ Græcæ de SIRET.

Appendix de Diis de JOUVENCY.

Ouvrage français.

Catéchisme historique de FLEURY.

CINQUIÈME CLASSE.

Ouvrages latins.

IIe. partie de la Méthode latine du C.en GUEROULT.

De Viris illustribus urbis Romæ, de LHOMOND.

CORNELIUS NEPOS.

PHÆDRI *Fabulæ.*

Quelques lettres de CICÉRON, des plus courtes et des plus aisées.

Dictionnaires des commençans.

Ouvrages français.

Fables de LA FONTAINE. — On apprendra par cœur les Fables imitées de PHÈDRE.

Mœurs des Israélites.

CHOMPRÉ. Petit Dictionnaire de la Fable.

QUATRIÈME CLASSE.

Ouvrages latins.

Selectæ è profanis.

JUSTIN.

Choix des Métamorphoses d'OVIDE.

La Création. — L'Age d'or. — Phaéton. — Méléagre. — Philémon et Baucis, &c.

Trois Églogues de VIRGILE.

I.re, IV.e et V.e

M. T. CICERONIS *Eclogæ*, ou Pensées de CICERON par D'OLIVET.

On commencera à se servir des Dictionnaires latin de BOUDOT et français de LALLEMANT.

Ouvrages français.

Dialogues de FÉNÉLON.

Fable d'Aristonoüs.

Portraits choisis de LA BRUYÈRE.

Le Vocabulaire français de MM. DE WAILLY.

Géographie.

Abrégé de la Sphère et de la Géographie de CROZAT.

Cartes. Mappemonde.

Atlas des quatre parties du monde, avec leurs principales divisions, commenté par MENTELLE.

TROISIÈME CLASSE.

Ouvrages latins.

Au commencement de ce cours, la Prosodie latine de CHEVALIER.

QUINT-CURCE.

CÉSAR, *de Bello Gallico.*

CICÉRON.

De senectute.

De amicitiâ.

Épisodes des Géorgiques de VIRGILE.

Les prodiges arrivés à la mort de César.

L'éloge de la vie champêtre.

La peste des animaux.

Le vieillard de Galèse.

La description du printemps.

L'épisode d'Aristée.

Le 1.er livre de l'Énéide.

Ouvrages français,

Traduction des Géorgiques de DELILLE. — A lire et à apprendre par cœur.

Télémaque.

Histoire de Charles XII.

Histoire et Géographie.

Tablettes chronologiques à l'usage du Prytanée, ou le Tableau historique de PREVOST D'IRAY.

Rudimens d'histoire, par DOMAIRON.

Événemens antérieurs à la dispersion des hommes.

Origine primitive des nations.

Époques générales de l'établissement et de la destruction des gouvernemens anciens.

Époques générales de l'établissement des gouvernemens modernes.

Peuples anciens jusqu'à la fin de la Rép. Romaine.

Recueil de cartes de l'histoire ancienne pour l'école militaire, par ROBERT DE VAUGONDY.

DEUXIÈME CLASSE.

Ouvrages latins.

SALLUSTE.

Continuer VIRGILE.

Deuxième livre de l'Énéide.

Cinq ou six Odes d'HORACE,

Mæcenas atavis &c.

Jam satis &c.

Sic te, diva potens &c.

Eheu fugaces &c.

Auream quisquis mediocritatem &c.

Quis desiderio sit pudor aut modus &c.

Solvitur acris hyems &c.

CICÉRON.

Pro Ligario.

Pro Marcello.

TITI-LIVII *Res memorabiles.*

Ouvrages français.

La Conjuration de Venise, par SAINT-RÉAL.

Les Révolutions de Portugal, par de VERTOT.

Les Révolutions romaines, par de VERTOT.

Mythologie de TRESSAN.

Histoire et Géographie.

Rudimens de l'histoire, *suite.*

Peuples modernes jusqu'à la France.

Géographie de NICOLE DE LA CROIX.

Sur-tout Asie, Europe, Afrique.
Avec les Cartes modernes.

PREMIÈRE CLASSE.

Ouvrages latins.

Continuer TITE LIVE.

Guerres Puniques.

Continuer VIRGILE.

Cinquième livre de l'Énéide.

CICÉRON.

Pro lege Maniliâ.

Quelques lettres de PLINE.

Quelques Odes d'HORACE, plus difficiles.

Beatus ille qui procul negotiis &c.
Qualem ministrum &c.
Justum et tenacem &c.
Pastor cùm traheret &c.
Tyrrhena regum progenies &c.
Odi profanum vulgus &c.
O diva, gratum &c.

Une Épître et une Satire d'HORACE.

Quî fit, Mæcenas &c.
Hoc erat in votis &c.

Continuer la poésie latine.

On formera les élèves aux narrations latines et françaises.

Ouvrages français.

Discours sur l'histoire universelle, de BOSSUET.
Choix de lettres de M.me DE SÉVIGNÉ.
ROUSSEAU le Lyrique.
La neuvième Satire et l'Épître à Lamoignon de BOILEAU.
Tropes de DUMARSAIS.
Continuation de la Mythologie de TRESSAN.

Histoire et Géographie.

Rudimens de l'histoire.
    Article France, jusqu'à la fin.
France par provinces, par départemens.
Gallia antiqua, carte de DANVILLE.

CLASSE DE BELLES-LETTRES.

Ouvrages latins.

HISTORIENS.

TITE-LIVE.
    Continuation des Guerres puniques.
TACITE.
    Germanicus, Agrippine à Brindes, &c.
    Vie d'Agricola.
    Mœurs des Germains.

Ouvrages français.

Grandeur et décadence des Romains par MONTESQUIEU.

POËTES LATINS.

VIRGILE.
    Sixième livre de l'Énéide.
    Episodes de Cacus, Nisus et Euryale.

Funérailles de Pallas.

Le Bouclier d'Énée.

On s'attachera à faire sentir les beautés poétiques de VIRGILE.

TÉRENCE.

L'Andrienne.

LUCRÈCE. Quelques prologues de ses chants.

Suave mari magno &c.

Description de la peste.

LUCAIN.

César passant le Rubicon.

L'apparition de la Patrie.

La Forêt de Marseille.

HORACE.

Ars poetica.

Poëtes français.

RACINE.

Esther et Athalie.

VOLTAIRE.

Le septième chant de la Henriade.

MOLIÈRE.

Le Misanthrope.

BOILEAU.

Art poétique.

ORATEURS ET PHILOSOPHES.

Ouvrages latins.

Conciones è veteribus historicis excerptæ.

Conciones è veteribus poetis &c, par les C.[cns] NOËL et DELAPLACE.

CICÉRON.

Première et deuxième Catilinaires.

Une Verrine.

Pro Milone.

Quelques fragmens choisis de SÉNÈQUE et de PLINE le Naturaliste.

Ouvrages français.

BOSSUET, Oraisons funèbres :

Pour la reine d'Angleterre :

Pour la duchesse d'Orléans :

Pour le grand Condé.

FLÉCHIER, Oraisons funèbres :

Pour Turenne et Montausier.

Quelques Éloges de FONTENELLE, au gré des professeurs.

Éloge de Marc-Aurèle par THOMAS.

MASSILLON, Petit Carême.

FÉNÉLON, Existence de Dieu.

LA BRUYÈRE, Morceaux choisis.

Vues sur la nature, de BUFFON :

Quelques descriptions d'animaux.

On continuera la poésie latine. — Essai de versification française. — Prosodie de D'OLIVET. — Synonymes de GIRARD.

FAIT et arrêté par les Membres de la Commission, le 25 Floréal an XI.

FONTANES, CHAMPAGNE, DOMAIRON.

FIN.

www.ingramcontent.com/pod-product-compliance
Ingram Content Group UK Ltd.
Pitfield, Milton Keynes, MK11 3LW, UK
UKHW020340180726
13839UKWH00002B/827

9 782329 332659